Madres animales y sus crías

Dona Herweck Rice

Asesor

Timothy Rasinski, Ph.D.
Kent State University

Créditos

Dona Herweck Rice, *Gerente de redacción*
Robin Erickson, *Directora de diseño y producción*
Lee Aucoin, *Directora creativa*
Conni Medina, M.A.Ed., *Directora editorial*
Rosie Orozco-Robles, *Editora asociada de educación*
Don Tran, *Diseñador*
Stephanie Reid, *Editora de fotos*
Rachelle Cracchiolo, M.S.Ed., *Editora comercial*

Créditos de las imágenes
Cover Four Oaks/Shutterstock; p.3 CraigRJD/istockphoto; p.4 Mazzzur/Shutterstock;
p.5 Poznukhov Yuriy/Shutterstock; p.6 Anup Shah/Getty Images;
p.7 Four Oaks/Shutterstock; p.8 JamesBrey/istockphoto; p.9 Enjoylife2/istockphoto;
p.10 melissaf84/istockphoto; p.11 Studio 1One/Shutterstock;
back cover CraigRJD/istockphoto

Basado en los escritos de *TIME For Kids*.

TIME For Kids y el logotipo de *TIME For Kids* son marcas registradas de TIME Inc.
Usado bajo licencia.

Teacher Created Materials

5301 Oceanus Drive
Huntington Beach, CA 92649-1030
http://www.tcmpub.com
ISBN 978-1-4333-4418-3
© 2012 Teacher Created Materials, Inc.

Las madres animales cuidan a sus crías.

Una madre gata
alimenta a sus
gatitos.

Una madre gallina
enseña a sus
pollitos a picotear.

Una madre leona carga a su cachorro de la piel.

Una madre elefante
encuentra agua
para su cría.

Una madre pájaro
trae comida para
sus crías.

Una madre ballena
nada con su cría.

Una madre gorila
mantiene a su cría
cerca.

Las madres
animales cuidan a
sus crías.

Palabras para aprender

a	de	mantiene
agua	elefante	nada
alimenta	encuentra	pájaro
animales	enseña	para
ballena	gallina	picotear
cachorro	gata	piel
carga	gatitos	pollitos
cerca	gorila	su
comida	la	sus
con	las	trae
cría	leona	una
crías	madre	y
cuidan	madres	